10대 마음보고서 WORK BOOK

• 따돌림사회연구모임 교실심리팀 지음 •

마리북

워크북 구성

1장 · 인생각본 다시 쓰기

일곱 살 이전에 완성된다는 인생각본은 사람마다 다르다. 누구는 승자각본을 쓰지만 누구는 패자각본을 쓰면서 살아간다. 지금까지와 다르게 살고 싶은 사람들을 위한 '나의 인생각본 찾기'와 '지금, 여기!'에 맞는 인생각본 다시 쓰기' 방법을 안내하고 있다.

2장 · 바람대로 살아가기

내가 바라는 나의 모습 그리기, WDEP(Wants, Doing, Evaluation, Plan) 프로그램에 따라 자신이 바라는 자신의 모습에 대한 상을 구체화시킨다.

3장 · 나의 인정욕망

사회에서 사람들과 부대끼며 살아가면서 타인에게 인정받고 싶은 인정욕망은 무엇보다 중요하다. 하지만 사람마다 추구하는 인정욕망은 다르다. 나는 어떤 인정욕망을 추구하고 있고, 과연 그 방식은 옳은지 파악해나가는 방법을 안내한다.

4장 · 시로 마음 나누기

'자기 표현으로서의 시'도 중요하지만, '서로의 마음을 교류하는 시'의 장점에 대해서 소개하고 있다. 시가 어렵고 막연하게 다가오는 친구들을 위해 '시 쓰기'와 '시 읽고 이야기 나누기' 방법을 안내한다.

5장 · 숨겨진 진실을 탐구하는 가설 연역 방법

정답이 없는 복잡한 마음이나 인간관계에 대한 문제를 과학적으로 좀 더 쉽고 명쾌하게 정리해보는 방법이다. 어떤 문제에 대해서 하나의 가설을 세우고, 그 가설이 옳은지를 검증해나가다 보면 숨겨진 진실을 찾아낼 수도 있다.

6장 · 나의 가짜 마음, 진짜 마음

학교 문제나 진로 등 중요한 선택의 순간, 자신의 마음 속에 있는 어떤 두려움을 피해 잘못된 선택을 하는 경우도 있다. 마음이 복잡할 때는 더욱 잘못된 선택을 할 가능성이 높다. 이런 선택의 순간에 자신의 진짜 마음을 들여다봄으로써 올바른 선택을 할 수 있도록 도와준다.

7장 · 상처와 화해하기

우리 마음에 난 상처는 종기와도 같아서 그대로 두면 곪을 대로 곪아 언젠가는 터진다. 과거의 어느 순간, 그리고 지금 이 순간에 받은 상처에서 빨리 벗어나는 방법을 일러준다. 더욱이 유년의 상처는 치유하지 않으면 불에 덴 화상자국처럼 평생을 따라다니므로 하루라도 빨리 벗어나야 한다.

1장

인생각본 다시 쓰기

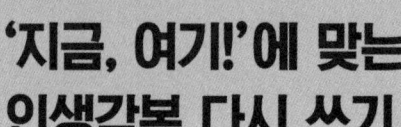

'지금, 여기!'에 맞는 인생각본 다시 쓰기

무엇을 위한 활동인가?

- 나의 인생각본이 무엇인지 탐색해본다.
- 지금까지 내가 살아온 인생의 중요한 장면, 생각, 과정을 돌아볼 수 있다.
- 앞으로 변화하고 싶은 지점과 변화의 방향을 생각해볼 수 있다.

어떤 상황에서 도움이 되는가?

- 나는 승자각본인가? 패자각본인가? 나의 인생각본이 궁금할 때
- 비슷한 삶의 패턴 때문에 계속 반복적인 문제가 발생할 때
- 나는 왜 늘 이런 모습일까? '다른 사람들은 안 그런데….' 이런 생각이 들 때
- 내 인생을 한 번쯤 돌아보고 싶을 때
- 나의 미래가 궁금해질 때

인생각본이란?

'교류분석' 이론으로 보면 사람은 누구나 인생각본을 가지고 살아가고 있다고 한다. 인간의 인생 드라마는 그 사람이 어린 시절에 쓴 인생각본에 따라 연출되고 있으며, 사람마다 나름대로 각본을 써놓고서 일생을 살아가고 있다는 것이다. 각본은 세상에 태어나는 순간부터 쓰기 시작해 네 살이 될 때까지 대체적인 골격을 형성하고, 일곱 살까지 더욱 세부적인 내용을 완성한다. 인생각본은 희극 또는 비극일 수도 있고, 지루할 수도 열정적일 수도 있다. 그렇다면 나는 어떤 인생각본을 가지고 있을까?

'지금, 여기!'에 맞는 인생각본

인생각본은 무의식의 영역에 있어 알기 어렵다고 하지만, 짐작해볼 수 있는 몇 가지 활동을 통해 나의 인생각본을 탐색해볼 수 있다. 인생각본은 어린아이였던 내가 오래 전에 쓴 것이다. '지금, 여기!'에 맞는 인생각본이 아니라면 탐색을 통해 자신을 이해하고 새로운 인생각본을 써 나가는 계기를 마련하자. '지금, 여기!'에 맞는 새로운 인생을 만들어가는 것은 바로 나 자신의 몫이다.

Memo

나의 인생각본 찾기 1

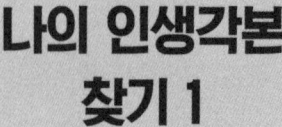

활동 1) 나의 인생각본은 어떤 것일까?

먼저 두 눈을 감고 마음을 가다듬은 다음 아래 질문에 답해보자. 질문은 몇 개 안 되지만, 질문 하나 하나가 지금까지 살아온 인생을 처음부터 끝까지 되돌아봐야만 쓸 수 있는 질문들이다. 이 질문들에 답하다보면 자신의 인생각본을 이해하고 새로운 인생각본을 쓰는 데 도움이 될 것이다.

1. 나 자신을 설명하는 단어를 다섯 개 적어보자.

2. 자서전을 쓴다면 제목은 어떻게 정하고 싶은가?

3. 일이 잘못되었을 때 어떻게 생각하는가?

4. 인생에서 다시 쓰고 싶은 페이지가 있다면 어느 부분인가?

....

....

....

5. 소원을 빌 수 있다면 어떤 소원을 빌고 싶은가?

....

....

....

6. 먼 훗날 죽음을 맞이했을 때 비문을 쓴다면 어떤 내용으로 쓰고 싶은가?

....

....

....

활동 2) 나의 인생각본에 대해 친구들과 이야기 나누기

활동 1에서 쓴 것을 친구들에게 이야기하고 친구들의 의견을 들어보자. 가능하다면 친구들이 들려준 의견을 정리해서 기록해두자.

친구 ....

....

....

....

....

친구 ....

친구 ....

Memo

나의 인생각본 찾기 2

활동) 내가 주인공인 영화를 만들어보자.

  나의 인생을 영화라는 매개를 통해 돌아보고자 하는 프로그램이다. 우리가 접하는 영화라는 매체는 자극적이고 강렬한 것이다. 그런 만큼 욕심을 부려 자신의 인생을 비현실적이고 허구적인 이야기로 포장하고 싶을 수도 있다. 그러나 본 활동은 나의 인생을 돌아보고 계획하려는 것이므로 진솔한 삶을 다룬 다큐멘터리 영화라고 가정하자. '포스터'의 경우 나의 인생에서 강렬한 이미지로 남아 있는 장면들을 생각해보고 그림으로 표현해보자. 내 인생을 한 편의 다큐멘터리 영화로 제작한다면 어떨까? 주인공인 나는 어떤 캐릭터인가? 앞으로 이 영화는 어떻게 전개될 것인가?

1. 제목 :

2. 장르(예 : 비극, 희극, 판타지…) :

3. 출연 :

4. 포스터 : 영화의 가장 중요한 장면을 포스터라고 생각하고 영화 포스터를 그려보자.

5. 줄거리

6. 한 줄 평

　...

7. 지난 줄거리 중에서 고치고 싶은 부분이 있다면?

　(떠오르지 않으면 하나만 써도 좋다.)

　가장 고치고 싶은 부분

　...
　...
　...

　두 번째로 고치고 싶은 부분

　...
　...
　...

8. 앞으로 영화가 어떻게 전개되기를 바라는가?

　전개

　...
　...
　...
　...

더 알아보기

· 알아두면 좋은 인생각본 ·

1) 승자각본

자기 인생의 목표를 자신이 정하고, 전력을 다해 그것을 성취하는 사람을 말한다. 실패할 수도 있지만, 일단 실패하면 두 번 다시 되풀이하지 않는 방법을 알고 있다. 목표를 이루지 못했을 때도 '내가 실수했어. 그러나 다시는 그런 일 없을 거야' 또는 '이제 어떻게 해야 하는지 알았어'라고 말하는 유형의 사람이다.

2) 비승리자 각본(최소한족)

무슨 일이 되었든 남들과 같은 수준에 이르면 만족하는 사람을 말한다. 일단 근면한 직장인, 충실한 인간이라고 할 수 있는 사람으로서 문제를 일으키지도 않는다. 패배해도 '적어도 할 수 있는 데까지는 했으니…'라며 흥분하지 않는다. 비승리자들은 충성스럽고 열심히 일하고 감사할 줄 알며 문제를 일으키지 않는다. 사회적으로 그들은 매우 무난한 부류의 사람들이다.

3) 패배자 각본

자신의 목표를 달성할 수 없고 뜻대로 안 되면 책임을 다른 사람에게 전가하는 사람을 말한다. 어린 시절부터 형성된 습성에 따라 여러 가지 파괴 게임을 연출한다. 과거의 실패에 구애되어 '지금, 여기!'에 근거하여 살려고 하지 않는다. 패배자는 '만약 내가 학식이 높았더라면…' '나는 재수가 없어서 되는 일이 없어…'라며 늘 투덜댄다.

· 인생각본 형성에 영향을 끼치는 금지령 ·

각본은 부모의 금지령으로 형성된다. 부모는 자신이 그런 금지령을 가지고 있는지 인식하지 못한다. 각본은 어린아이의 감정과 현실 상황에 따른 어린아이의 결단이다. 이 명령은 몸짓이나 표정 등 비언어적 메시지로 주로 '~하지 마라'의 내용을 포함하고 있다. 교류분석학자인 굴딩Goulding부부는 대표적인 12가지 금지령을 다음과 같이 정리했다.

- 실행하지 마라.
- 존재하지 마라.
- 친밀하지 마라.
- 중요한 인물이 되지 마라.
- 어린아이처럼 행동하지 마라.
- 성장하지 마라.
- 성공하지 마라.
- 남자(여자)가 되지 마라.
- 건강하게 되지 마라.
- 소속되지 마라.
- 생각하지 마라.
- 자연스럽게 느끼지 마라.

2장

바람대로
살아가기

인생각본을 다시 쓸 수 있을까?

무엇을 위한 활동인가?

- 지금의 내 생활을 평가하고 변화 발전하는 기회를 갖는다.
- 변화 발전하고 싶은 부분을 구체화함으로써 목표를 명확하게 되새긴다.
- 구체적인 계획과 실천을 통해 나 자신의 변화를 이끌어낸다.

어떤 상황에서 도움이 되는가?

- '공부해야지' 하는 마음은 굴뚝같은데 실천이 되지 않아 성적이 오르지 않을 때
- '지각하는 습관을 고쳐야지' 생각은 하지만 등교준비 시간이 단축되지 않을 때
- 나 자신을 변화시키고 싶을 때
- 달라진 내 모습으로 인생각본을 다시 쓰고 싶을 때
- 이렇게 살고 있는 내가 마음에 들지 않을 때

내가 바라는 나의 모습은 어떤 것인가?

"꾸준히 공부하는 습관을 갖고 싶어요. 좋은 성적을 바라고 성적에 대해 고민하기는 하지만 공부하는 습관이 없다보니 좋은 성적이 나오지 않는 것 같아요."

"저는 물건을 잘 정리하는 사람이 되고 싶어요. 물건 정리를 잘하지 못하다 보니 늘 주변이 어지럽고 늘 무언가를 찾고 있어요. 찾는 데 허비하는 시간이 아까워요."

"저는 융통성 있는 사람이 되고 싶어요. 사람들이 저보고 너무 고지식하다고 말해요. 계획한 대로 일이 진행되지 않거나 정해진 틀에서 벗어나는 것이 불안하고 두려워요. 가끔은 자유롭게 틀을 깨보고 싶어요."

인생각본을 다시 쓸 수 있을까?

'지금까지 한 인생을 살아온 당신! 이제 좀 다른 인생을 살아보고 싶지는 않으신가요?'
'가장 나를 바꾸고 싶은 부분은 무엇인가요?'

변화하고 싶다는 막연한 생각만으로는 달라지지 않는다. 어떤 변화를 원하는지 구체적으로 눈앞에 보이도록 그려보고, 계획을 세워보는 가운데 조금씩 실천하다 보면 누구든 더 나은, 달라진 나를 만날 수 있을 것이다.

Memo
_____
_____
_____
_____
_____

내가 바라는 나의 모습 그리기

활동) 아래 순서에 따라 내가 바라는 나의 모습을 그려보자.

1. **Wants** 내가 바라는 나의 모습은 어떤 것인가? 생각나는 대로 죽 나열해보고 그중에서 가장 바라는 나의 모습을 정해 마지막에 써보자.

   가장 바라는 나의 모습

   ---

2. **Doing** 그런데 지금 나의 모습은 어떠한가 생각해보자.

   • 나의 (학교)생활에서 가장 문제가 되는 것은?

• 가장 고치고 싶은 부분은?

----

3. **Evaluation** 내가 바라는 나의 모습과 실제 생활하는 모습이 일치하는가? 스스로 평가해보자. 일치하지 않는다면 어떻게 다른지 적어보자.

----

4. **Plan** 내가 바라는 나의 모습대로 살아가기 위한 나의 계획을 구체적으로 써보자.

----

5. 아래에 '내가 바라는 나의 모습대로 살아가고 있는 나'를 그림으로 표현해보자. 어떻게 그려야 할지 잘 모르겠다면, 아래 친구들의 그림을 그림 예를 보면 더욱 잘 떠오를 것이다.

✱ (지각을 고치고 싶은) 친구들의 그림예

그림 1 | 아침 8시에 지각 걱정 없이 상쾌한 기분으로 학교에 등교하는 장면

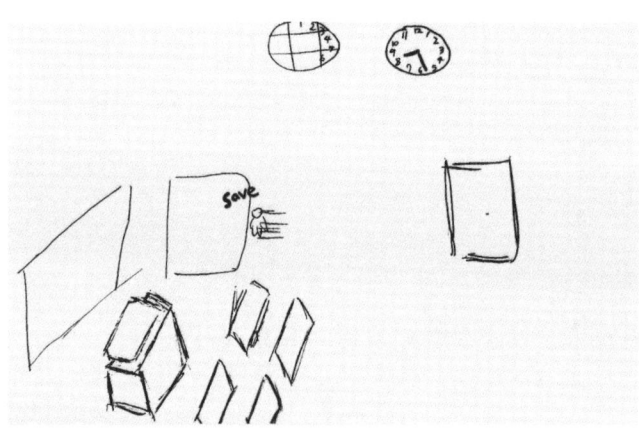

그림 2 | 8시 30분이 등교시간인데 직전에 교실에 골인해 "SAVE"를 외치는 장면

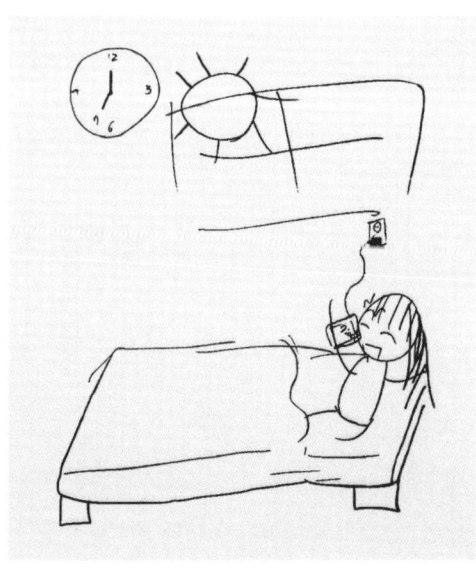

그림 3 | 지각 우려가 없는 아침 7시에 상쾌하게 일어나는 장면

사람은 잘 변하지 않는다. 그건 아이나 어른이나 마찬가지이다. 갑자기 사람이 좀 달라지면 "죽을 때가 되었냐?"는 농담을 하는 것은 그만큼 사람이 잘 변하지 않는다는 뜻이다.

그렇지만 그 어려운 일을 해내는 사람들도 있다. 다이어트는 번역하면 '내일부터'라는 우스갯소리가 있을 만큼 어렵지만, 다이어트를 독하게 해내는 사람도 있다. 변하기 어렵다고 언제까지나 "그냥 이렇게 살다가 죽을래" 하고 살아갈 수는 없는 것 아닌가? 간절히 원하면 이룰 수 있다. '달라지고 싶다고 마음먹는 것!'이 바로 그 출발점이다. 사람마다 다르지만, 자신을 발전적으로 변화시키는 계기들이 있다. 다음 친구들의 이야기를 읽어보자.

읽기자료 1

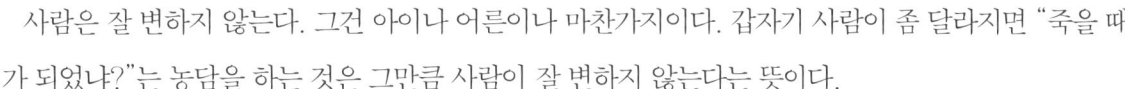

중학교 2학년이 되기 전까지 나는 항상 장난꾸러기, 사고치는 아이, 노는 아이로 불렸다. 그래서 친하지 않은 친구들은 선입견을 가지고 다가오지 않았다. 학교에선 선생님들께 항상 혼이 나서, 선생님이 나를 부르시면 '내가 무슨 잘못을 했지?' 하며 긴장하기 일쑤였다. 사실 내가 장난기가 많고 공부하기 싫어하는 성격이긴 했지만, 나쁜 마음으로 친구를 때리거나 괴롭히는 일진은 아니었다. 그러나 항상 혼만 나고 지적당하다 보니 부모님들 사이에서도 나에 대한 안 좋은 소문이 퍼졌다.

엄마는 정말 많이 속상해했고 나도 속상했다. 하지만 중학교 들어왔어도 장난치는 습관은 고쳐지지 않았고, 1학년 때도 그 전과 다를 바 없는 생활을 했다. 그런데 중2가 되면서 갑자기 선생님들의 칭찬을 받게 되었다. 너무 좋고 이상한 기분이 들었다. 그동안 사람들이 나를 항상 나쁜 아이로 볼 거라고 생각했는데, 그게 아니었다. 나를 응원해주시는 분들, 좋아해주는 사람이 더 많았던 것이다. 그분들을 실망시키기 싫었고, 인정받으려면 우선 공부를 잘해야겠다고 생각했다.

항상 선생님들과 어른들이 조금만 노력하면 될 놈이라고 하신 걸 어차피 안 된다는 생각으로 흘려들었는데 막상 해보니까 상상 이상의 결과가 나왔다. 그 뒤로 더 많은 사람들에게 인정받고 자연스레 장난도 줄게 되었다. 그리고 이제 더 이상 공부도 싫지가 않다.

읽기자료 2

나는 중학교 2학년까지 사고뭉치였다. 동네방네 주먹질을 하고 다녔고, 아이들과의 싸움에 휘말려 강제 전학도 하게 되었다. 학교도 열심히 다니지 않아 지각, 결석, 조퇴가 수두룩했다. 수업 시간에는 엎드려 자거나 떠들어서 수업에 피해도 주었다. 2학년 선생님들은 이런 나를 이해했던 건지 포기했던 건지 크게 혼내지 않았고, 3학년에 올라가서도 별반 다를 것 없이 살아가고 있었다. 그러던 어느 날, 수업에 들어오신 엄격한 선생님께서 자고 있는 나를 깨우더니 그러려면 나가라고 하셨고, 나는 기다렸다는 듯이 학교를 나왔다. 처음엔 내가 학교를 가준 것만도 고맙게 여겨야 하는 거 아닌가 억울한 마음도 들었다. 그러나 시간이 갈수록 내 생각이 틀렸다는 생각이 들었고, 나 자신이 한심하게 느껴졌다. 내신 성적을 받았는데 한심하기 짝이 없었고 갈 고등학교도 없는 거 아닌가 불안해지기 시작했다. 어느 학교에 가야 할까 생각하다가 가고 싶은 특성화고가 생겼다. 지금 성적으로는 턱없이 부족했지만, 아직 1학기이니 지금부터 해보면 갈 수도 있지 않을까 싶어 열심히 노력해보기로 마음먹었다. 수업 시간에 열심히 듣고 참여하다 보니 조금씩 재미가 느껴지기도 했고, 달라진 내 모습에 여러 선생님들께서 칭찬해주시니 기분도 좋았다. 이젠 내가 달라질 수 있다는 용기가 생긴다.

읽기자료 3

"나는 무기력한 사람이었다. 할 수 있는 것만 하고 안 해본 것은 시도조차 하지 않았다. 왜냐면 실패에 대한 두려움이 있었기 때문이다. 나는 실패하는 것을 싫어했고 무서워했다. 그래서 난 실패할 바에 '내가 하고 싶은 것만 하자' 하는 생각으로 살아왔다. 무려 재작년까지 그래왔다. 공부는 물론 뭘 하던 간에 자신감이 없었다. 하지만 자신있었던 게 하나 있었다. 그것은 운동이었다. 운동을 하면 자신감이 생기고 기분이 좋아진다. 그래서 꿈이 운동선수였다. 운동선수는 운동만 잘하면 되는 줄 알았던 나는 공부엔 손도 안대고 운동만 했다. 1학년 중간고사를 보는 날이었다. 시험지를 받으니 불현듯 진짜 공부를 해야겠다는 생각이 들었다. 그러나 갑자기 공부하려니 어디서부터 해야 할지 감도 안 잡히고 아는 게 없어서 할 수 있는 게 없었다. 나는 수학과 영어를 포기한 사람이었다. 혼자서는 안 된다는 걸 깨닫고 친구의 도움을 받아 학원을 다니기 시작했다. 처음에는 성적이 오르지 않아 흥미가 생기지 않았다. 그래도 나는 더욱 해야겠다는 생각으로 열심히 공부했다. 집에 와서도 두 시간씩은 꼭 공부를 했다. 점점 의자에 앉아있는 시간이 늘어나고 문제 푸는 속도가 빨라지기 시작했다. 수학 시험 전날엔 한 번도 일어나지 않고 네 시간을 공부했다. 그러고 나서 시험지를 받으니 문제가 술술 풀렸다. 3학년 2학기 중간고사에서는 수포자였던 내가 97점을 맞았다. 내 인생 최고의 수학 점수였고 점수가 20점 넘게 올랐다. 그때 '내가 하면 되는구나' 하는 생각이 들었다. 수학 공부를 어떻게 해야 할지 깨달았고, 수학이 좋아졌다."

활동) 자신의 인생각본을 스스로 변화시킨 위의 사례들을 읽고 다음 물음에 답해보자.

인생각본은 아무것도 모르는 어린 시절의 내가 쓴 것이다. 이제 '지금, 여기!'에 맞게 나의 인생각본을 다시 써 나가야 한다.

1. 읽기자료의 친구들의 글을 읽고 어떤 느낌과 생각이 들었나?

2. 나에게도 읽기자료와 같이 인생각본이 달라진 경험이 있는가? 있었다면 그 경험을 써보자.

3. 인생각본을 다시 쓴 경험이 없다면 바라는 인생각본을 상상하여 써보자.

3장

나의 인정욕망

인정욕망의 정체는 무엇인가?

무엇을 위한 활동인가?

- 나(친구, 학생)의 인정욕망 알아보기
- 나(친구, 학생)의 인정욕망은 다른 사람에게 받아들여질 수 있는 것인지 성찰해보기
- 우리의 인생관이나 사람들과의 관계에 밀접한 영향을 주는 건전한 인정욕망 표현하기

어떤 상황에서 도움이 되는가?

- 누군가 앞에서 센 척하고 싶을 때, 센 척하는 친구나 학생을 만났을 때
- 폭력이나 따돌림을 행사하는 친구나 아이를 만났을 때
- 왠지 모를 시기와 질투가 나서 남을 깎아내리려고 할 때
- 누군가에게 칭찬받고 싶은 마음이 들 때
- 친구들의 시선이 계속 신경 쓰이고, 나를 포장하고 싶은 마음이 들 때
- 자꾸만 신경 쓰이게 만드는 사람의 행동 때문에 괴로울 때

인정욕망이란 무엇인가?

사람에게는 다양한 욕망이 있다. 그중에서 타인과 관계를 맺을 때 가장 두드러지게 나타나는 것이 인정욕망이다. 인간은 사회적인 존재이기 때문이다. 사회적인 존재는 다른 사람에게 인정을 받지 못하면 존재감이 없어지고 열등감, 수치심, 굴욕감 속에서 살아갈 수밖에 없다. 어떤 인정욕망을 추구할 것인가는 사람마다 다르지만 인정받고자 하는 마음은 모두 공통적이다. 누구는 '폼생폼사', 누구는 축구할 때 눈빛이 살아난다. 누구는 체육복에 머리를 질끈 묶고 도서관에서 온종일을 보낼 때 생기가 돈다. 인정을 받는다는 것은 누구에게는 인기, 누구에게는 명예, 누구에게는 권력, 누구에게는 자부심, 누구에게는 존재감 등의 의미가 될 수 있다.

우리는 왜 인정욕망에 사로잡히나?

인정욕망은 왜 일어날까? 우리가 사는 사회에 경쟁이 없다면, 모두 자신이 처한 상황과 역할에 만족하고 인정욕망으로 인한 갈등은 심하게 일어나지 않을지도 모른다. 하지만 근대 이후 개인주의 사회가 되면서 사람들은 언제 어디서나 자신을 인정받고 싶어 하는 인정투쟁에 몰입하게 되었다. 엄밀하게 말한다면 타인에게 이해와 사랑, 관심을 받고자 하기보다는 그저 우리 자신의 모든 행동, 성격, 취향, 지향하는 바를 인정하고 지지해주기를 바라는 것이다. 우리에게는 언제부턴가 어떤 방식이든 타자에게 '인정받는 것'이 가장 중요한 것이 되었다.

Memo
___
___
___
___
___

인정욕망 이해하기

활동) 인정욕망과 관련한 다음의 두 가지 사례를 보고 질문에 답해보자.

⟨A군⟩

'아이들한테 얕잡아 보이지 않기 위해 나는 목소리에 힘을 주고 노려보며 말을 한다. 세 보이지 않으면 아이들은 금방 나를 무시할 것이고 외면할 게 뻔하기 때문이다. 선생님들 앞에서 욕을 섞어 말하기도 한다. 아이들 앞에서 선생님도 나를 함부로 할 수 없다는 걸 보여주고 싶다.'

⟨B양⟩

'나보다 예쁘고 공부도 잘하고 인기도 많은 짝꿍이 얄밉다. 아니 사실은 부러움인 것 같다. 그 친구의 말투, 표정, 행동 하나하나를 의식하게 된다. 심지어는 그 친구가 눈앞에 없어도 이럴 때 그 친구는 어떻게 할까 생각하게 되고 때로는 따라해보기도 한다. 내가 더 나아 보이고 싶어서 그 친구에게 퉁명스럽게 대답하거나 무시해보기도 했다. 때로는 거짓말을 보태 짝꿍의 험담을 늘어놓거나 짝꿍의 실수를 부풀려서 지적하기도 했다. 짝꿍과 비교되는 내 모습이 싫었기 때문이다. 짝꿍처럼 아이들로부터 꿀리지 않는 부러움의 대상이 되고 싶다.'

1. A군과 B양은 남들에게 어떤 사람으로 보이고 싶었는가?

   A군 :

   B양 :

2. A군과 B양은 남들에게 인정받기 위해 어떤 방식으로 행동했는가?

   A군 :

   B양 :

3. A군과 B양이 인정받기 위해 취한 전략은 바람직한가? A군과 B양에게 충고하고 싶은 말이 있다면?

   A군에게 :

   B양에게 :

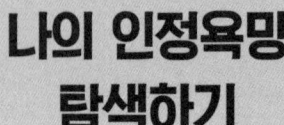

나의 인정욕망 탐색하기

활동) 나의 인정욕망이 어떤 모습과 성향을 가지고 있는지 파악해보자.

나의 인정욕망을 추구하기 위한 방법이 적절한 것인지, 아니면 다른 사람들과 충돌을 일으키고 역효과를 내는 건 아닌지 성찰하는 시간이 필요하다. 다음 질문에 자신의 생각을 써보자. 다 쓰고 난 다음에 자신의 인정욕망에 대해 자신과 대화를 나누거나 친구, 부모님, 선생님과 차분히 대화를 나눠보자.

1. 다음은 인정받기 위한 가치 목록이다. 아래 질문에 답해보자.

> ① 성적 ② 경제력 ③ 운동 능력 ④ 노력 ⑤ 유머 감각 ⑥ 외모나 패션 ⑦ 친구들을 잘 리드하는 것 ⑧ 용기 ⑨ 힘(완력) ⑩ 게임 실력 ⑪ 많은 친구들 ⑫ 결단력 ⑬ 잘 노는 것 ⑭ 열정 ⑮ 창의성 ⑯ 예술 감각(춤, 노래 등) ⑰ 기타(   )

가. 위의 항목 중 나는 어떤 면에서 인정받고 있는가?

(가장 인정받고 있는 부분 3가지를 써보자. 위의 예에 없다면 기타 의견으로 쓰기)

①   ②   ③

나. 위의 항목 중 나는 어떤 면에서 인정받고 싶은가?

(가장 인정받고 싶은 부분 3가지를 써보자. 위의 예에 없다면 기타 의견으로 쓰기)

① ② ③
----

2. 다음은 인정받기 위한 전략 목록이다. 아래 질문에 답해보자.

> ① 성적 올리기 ② 물건 사주기 ③ 부탁 들어주기 ④ 배려하기 ⑤ 센 척하기 ⑥ 개그나 농담으로 관심 끌기 ⑦ 아부하기 ⑧ 과시하기 ⑨ 힘쓰기 ⑩ 외모나 스타일 가꾸기 ⑪ 거짓말하기 ⑫ 칭찬하기 ⑬ 허세 부리기 ⑭ 무시하기 ⑮ 따돌리기 ⑯ 깎아내리기 ⑰ 기타(   )

가. 위의 항목 중 나는 인정욕망을 추구하기 위해 어떤 전략을 사용하는가?

(자신이 취하는 전략 3가지를 써보자. 위의 예에 없다면 기타 의견으로 쓰기)

① ② ③

나. 앞서 언급한 내가 사용하는 전략이 가진 장점과 단점은 무엇인가?

장점 :

단점 :

다. 단점을 보완하기 위해 나는 앞으로 어떤 전략을 사용하는 것이 좋을까?

인간관계와 인생관에 대한 생각 나누기

활동) 나와 친구에 대해 이야기를 나눠보자.

우리는 다양한 관계 속에서 나름의 생각을 품고 살아간다. 이러한 신념은 내가 어떤 사람이 되고자 하는지, 사람들과 어떤 방식으로 관계를 맺을지에 커다란 영향을 미친다. 다음 목록을 읽고 나의 생각과 친구들의 생각을 각각 적어보자. 그리고 왜 그렇게 생각하는지 서로 이야기해보자.

1. 어떤 식으로든 인정을 받는 것은 인정을 잃는 것보다 좋은 일이다.

   나의 생각 :

   친구의 생각 :

   친구의 생각 :

2. 잘못을 반성하거나 후회하는 것은 자신이 약한 존재임을 드러내는 것이다.

   나의 생각 :

   친구의 생각 :

   친구의 생각 :

3. 나의 잘못을 남에게 사과하는 것은 별로 중요한 일이 아니다.

   나의 생각 :
   친구의 생각 :
   친구의 생각 :

4. 남이 나의 잘못을 지적하는 것은 나를 비난하는 것이다.

   나의 생각 :
   친구의 생각 :
   친구의 생각 :

5. 화해나 협상을 먼저 제안하는 것은 자신의 잘못이 더 많음을 인정하는 것이다.

   나의 생각 :
   친구의 생각 :
   친구의 생각 :

6. 나의 잘못은 남이 모를수록 좋은 일이다.

   나의 생각 :
   친구의 생각 :
   친구의 생각 :

7. 자존심을 침해하는 것을 참아서는 안 된다.

　　나의 생각 :
　　친구의 생각 :
　　친구의 생각 :

8. 나는 손해 봐서는 안 된다.

　　나의 생각 :
　　친구의 생각 :
　　친구의 생각 :

9. 남에게 피해를 주지 않는다면 무엇을 하든 좋다.

　　나의 생각 :
　　친구의 생각 :
　　친구의 생각 :

10. 나에게 피해가 되는 것을 나는 무조건 거부해야 한다.

　　나의 생각 :
　　친구의 생각 :
　　친구의 생각 :

11. 당장 나에게 이익이 되는 것을 선택하는 것은 당연하다.

   나의 생각 :
   친구의 생각 :
   친구의 생각 :

12. 나의 성취는 내 능력이나 노력에 의한 것이므로 성취물은 모두 나의 것이다.

   나의 생각 :
   친구의 생각 :
   친구의 생각 :

Memo

4장

시로 마음 나누기

왜 시인가?

무엇을 위한 활동인가?

- '마음을 크게 뒤흔든 일'에 대한 나의 감정을 성찰할 수 있다.
- 시 쓰기를 통해 자신이나 타인과 진심 어린 교류를 할 수 있다.
- 시는 어떤 마음이라도 은유적으로 표현할 수 있어 감정의 정화작용을 할 수 있다.

어떤 상황에서 도움이 되는가?

- 마음을 크게 뒤흔든 사건 때문에 마음이 뒤죽박죽 불안하거나 우울할 때
- 마음을 알고 싶은 상대가 있는데 도무지 무슨 생각을 하는지 잘 모르겠다는 생각이 들 때
- 오해나 갈등을 원만하게 풀고 싶은데 상대가 마음을 열어주지 않아서 곤란할 때
- 교사의 경우, 학급 내 여러 가지 갈등 상황이나 학생과의 갈등 상황에서 어떻게 이야기를 풀어갈지 막막할 때
- 부모의 경우, 아이와 대화를 잘 나누고 싶은데 이야기할수록 오해만 쌓여가는 것 같을 때

시는 자신의 마음을 드러낼 수 있는 가장 안전한 방법이다.

자신의 솔직한 마음을 털어놓기 위해서는 내 말을 들어줄 상대와 친밀한 관계여야 한다. 믿지 못하는 상대방에게 내 이야기를 하고 싶지는 않을 것이다. 혹은 은연중에 자신을 포장하거나 불리한 사실은 숨기고 싶을지도 모른다. 그러나 그렇게 해서는 제대로 마음을 나눌 수 없다. 시 자체가 가지는 '함축성'은 자신을 드러내는 부담을 줄여준다. 시를 쓰면 자신을 간접적으로 드러내기 때문에 깊은 속내까지도 담을 수 있게 된다.

시는 격차가 없기에 평가의 두려움에서 해방된다.

사람들이 글쓰기를 어려워하는 가장 큰 이유 중 하나는 남과 비교해서 '못 썼다'는 평가를 받을까 봐 움츠러드는 것이다. 틀렸다는 지적을 받을까 봐 맞춤법, 문법에 신경쓰다 보면 한 문장 제대로 쓰기도 어렵다. 시는 이런 평가로부터 자유롭다. 실력 차이가 쉽게 드러나지 않는다. 짧으면 짧은 대로 매력이 있고, 누구나 자신만이 담을 수 있는 색깔이 있는 것이 시이다. 해석하기에 따라 글쓴이조차 생각하지 못했던 풍부한 의미를 부여해줄 수도 있다. 시는 성적과도 무관하며, 우열 평가를 무의미하게 만든다.

시는 거짓으로 써지지 않는다.

공자는 시를 '사무사思無邪'라고 했다. '마음에 간사한 것이 없는 것'이라는 뜻이다. 시는 짧고 함축적인 형식이라 굳이 거짓된 마음을 꾸며 넣을 필요가 없다. 또 시를 쓰면 부정적인 감정, 추한 감정조차도 예술적으로 승화되기 때문에 검열 없이 자신을 성찰하게 된다. 그래서 반성문 대신 쓰면 자신을 돌아보는 솔직한 마음이 담기고, 쓰고 나서 성취감도 느낄 수 있어 교육적으로도 좋다.

시 쓰기

활동) 시 쓰기로 서로의 마음을 나눠보자.

시를 써본 적이 있는가? 시라고 하면 뭔가 영감이 떠올라 순식간에 써 내려가는 것, 특별한 감수성을 지닌 사람들이 쓰는 것이라고 생각한다면 그건 오해이다. 우리가 시와 멀어지게 된 것은 그 오해 때문이다. 시는 마음을 전달하는 수단이다. 마음을 나누기에 시 만큼 좋은 것은 없다. 짧아서 쓰기도 쉽고 읽기도 쉽다. 하지만 짧아도 뭔가 사람의 마음 끌어당기고 집중하게 하는, 참으로 묘한 매력이 있는 것이 바로 시이다.

지금부터 맞춤법, 문법, 정확한 표현, 멋진 말을 써야 한다는 부담을 다 벗어던지고 편안한 마음으로 시를 써보자. 대상은 누구라도 상관없다. 자기 자신에게 써도 된다. 그래도 막연할 수 있으니 먼저 질문에 답해보면서 여러 가지 생각을 떠올려보자. 제목은 시를 다 쓴 뒤에 붙이면 된다.

0. 시를 쓰기 전에 긴장을 풀고, 다음 글귀를 소리 내어 세 번 읽어보자.

> "시는 대화처럼 마음을 전하는 것이다. 나는 시를 쓸 수 있다."

1. 눈을 감고 최근 강렬한 감정을 느꼈거나 마음에 오래 남았던 장면을 떠올려 보자. 그리고 떠오르는 대로 적어보자.

(마음에 떠오른 것이 말인가 행동인가 어떤 사건인가? 세 가지 모두일 수도 있다. 떠오르는 대화나 말을 그대로 시에 넣어도 되고, 대화체로 시를 써도 좋다.)

2. 위의 일을 겪었을 때 어떤 감정을 느꼈나? 당시 느꼈던 감정을 생각나는 대로 다 적어보자.

3. 2번에 적은 감정 중에서 스스로 중요하다고 생각되는 것 3가지를 골라보자. 그리고 '물, 불, 바람(나무, 공기), 땅(흙), 쇠(바위, 보석)' 중 어울리는 것을 찾아 비유해보자.

감정	비유
(답답함)	(심장에 딱딱한 돌덩어리가 박힌 것 같았다.)
( )	( )
( )	( )
( )	( )

4. 누구에게 이 마음(감정)을 전하고 싶은가? 그 이유는 무엇인가?
 (자기 자신에게 전해도 좋다.)

5. 시에 어떤 내용을 꼭 담고 싶은가? 어떤 생각(의견, 가치)을 전하고 싶은가?

(시에 교훈을 담으라는 이야기는 아니다. 그냥 "이 이야기만은 꼭 하고 싶어!" "나는 이렇게 생각해" 하는 게 있는지 한번 생각해보자.)

6. 위의 질문들을 바탕으로 시를 써보자. 시를 다 쓴 후 적절한 제목도 붙여보자.

제목 :

시를 읽고 이야기 나누기

활동 1) 시 읽어보고 느낌 쓰기

시를 쓴 다음 자신이 쓴 시를 다시 읽어보자. 그리고 시를 읽고 어떤 느낌이 들었는지 자유롭게 써보자. 시를 쓸 때 미처 다하지 못한 자신의 감정이나 이야기가 떠오를 수도 있다.

활동 2) 친구와 작가 인터뷰하기

친구가 쓴 시를 읽어보자. 그리고 시를 쓴 친구를 상대로 '작가 인터뷰'를 해보자. 친구가 시로 쓴 이야기에 대해서 더 궁금한 것을 질문하거나 독특한 표현이 있다면 그 표현을 왜 썼는지, 눈에 띄는 단어가 있다면 왜 그 단어를 썼는지 물어보자. 시를 쓰고 나서 어떤 느낌이 들었는지도 물어보도록 하자. 그 외에도 떠오르는 질문이 더 있다면 친구에게 질문해보고, 답변을 정리해서 아래에 적어보자.

예) 김세민 친구의 시

분노

항상 나의 단점이라 불리는 분노
중학교 때 나를 고생시킨 분노
고등학교에서도 나를 고생하게 할 줄은
꿈에도 몰랐네.

하지만 나의 분노는 알에서 나온 곤충마냥
삐죽 튀어 나와 버렸네.
이를 어찌하나?
지킬과 하이드같구나.

나의 분노 때문에 피해를 받으신
여러 선생님들과 부모님
앞으로는 절대 피해를 드리지 않기로
사자소학과 명심보감을 통해 약속했다네

앞으로는 지킬로만 살아가길.
하이드로 변할 때는 후환을 생각하길…

사과

한 학기 내내
노홍철 같았던 나

한 학기 내내
독재자 같았던 나

한 학기 내내 친구들
인내심을 길러준 나

두 학기 내내 선생님들을
부처로 만든 나

저 때문에 피해 본
모든 분들

사과 하나씩 드시고
제 사과 받아 주십쇼~ 꾸벅^^

예) 김세민 작가 인터뷰

Q : 〈분노〉라는 시에서 '지킬과 하이드'를 언급해서 시가 훨씬 멋있어 보이는데 본인도 그렇게 생각하나요?
A : ㅋㅋㅋ 네.

Q : 이 시를 쓴 지 8개월이 지났는데 여전히 '지킬'로만 살아가고 있나요?
A : 그렇게 노력은 하고 있는데 아직은 완벽하지 않은 것 같아요. 그래도 주변 사람들이 저보고 많이 차분해졌다고 하더라구요. 계속 노력중입니다.

Q : 그럼 하이드로 변할 때도 있을 텐데 그럴 땐 어떻게 대처하나요?
A : 물론 하이드로 변할 때도 있죠. 그럴 땐 일단 먼저 혼자 생각을 해요. 이 상황이 나의 잘못 때문인지 상대방의 잘못 때문인지, 그리고 상대방이 누구인지. 그런 생각을 한 후에 행동을 해요.

Q : 하이드로 변할 때도 생각을 한 후에 행동을 하니까 주변 사람들이 많이 차분해졌다고 얘기하나 보네요. 선생님도 세민이가 많이 차분해지고 더 유머러스해졌다고 생각해요.
A : ㅋㅋㅋ

친구의 시 적기

Q. 이 이야기로 시를 쓴 이유는 무엇인가요?

Q. 여기서는 왜 이런 표현을 하셨나요?

Q. 시를 쓰고 난 후 소감을 말해주세요.

추가 Q.

추가 Q.

활동3) 시집 만들기

나에게 일어난 크고 작은 일들을 시로 써두고 매년 한 권의 시집으로 묶어둔다면 내 삶의 발자취가 담긴 좋은 추억이 될 것이다. 시집에는 시만 넣지 말고, 나의 시를 읽은 후 느낌이나 친구들이 이야기 해준 소감도 함께 넣어보자. 시집으로 묶기 전에 눈에 띄는 단락이나 단어에 덧붙이고 싶은 말을 간단히 덧붙인 다음 시집으로 묶는 것도 좋다. 학교에서 한다면 학급 친구들이 쓴 시를 모두 모아 학급문집으로 만들면 좋을 것이다.

예) 이 예시는 언니가 동생의 어린 시절 시를 읽고 그 느낌을 덧붙인 것이다.

단풍나무

_ 한지영(초3)

단풍나무의 잎은 노랑, 주황, 빨강
단풍이 든 나무를 보면 나무가 화난 것 같다
단풍나무가 산에서 나면 산색이 온통 빨갛게 물들어서 정말 아름답다
단풍나무만 가을에는 보기가 참 좋다
사람들은 다른 나무도 있는데 왜 단풍나무만 구경을 할까?
다른 나무들이 섭섭해 할 텐데
우리 집에는 오빠도 있고 나도 있는데 지혜네 집하고 하는 것이 똑같다*

*막내로서 겪어야 하는 설움이 느껴진다. 사춘기 시절 동생은 짧고 굵은 방황을 했다. 그 때 지영이는 할머니는 오빠를 사랑하고, 엄마아빠는 언니인 나와 늘 비교한다며 자신의 편이 없다고 하소연했다. 초등학교 때 쓴 지영이의 시는 바로 그 아이의 솔직한 마음이었을 것이다. 가끔 엄마에게 "엄마는 왜 아빠를 지혜 아빠라고만 해? 지영이 아빠라고 해"라는 억지를 썼는데, 그냥 귀여운 트집으로만 여겼던 것 같다. 그런데 사실은 언니, 오빠의 그늘에서 외로웠던 지영이의 외침이었던 것이다. 만약 〈단풍나무〉라는 시를 썼을 때 누군가 지영이가 시도한 '시로 말 걸기'를 눈치챘다면 지영이는 조금 덜 외로운 어린 시절을 보낼 수 있었을까?(한지혜)

5장

숨겨진 진실을 탐구하는 가설 연역 방법

알고 싶은 대상을 탐구하는 가설 연역 방법

무엇을 위한 활동인가?

- 과학적인 방법으로 문제의 원인을 탐색한다.
- 내가 생각하는, 다른 사람들이 말하는 원인이 진실인지 검증한다.
- 진실을 통해 과거와 직면할 수 있다.
- 과거와 직면함으로써 안 좋았던 과거의 기억에 위로와 화해를 건넨다.

어떤 상황에서 도움이 되는가?

- (학생) 잘 지내던 친구와 어느 날 갑자기 사이가 멀어졌을 때, 따돌림을 당하는 등 나에게 왜 이런 일이 생겼는지 궁금할 때
- (교사/부모) 탐구 대상이 생겼을 때, 아이가 왜 저러는지 도무지 이해가 안 될 때
- 오래전 인간관계로 인한 아픈 기억에 사로잡혀 계속 그때 생각을 하거나 그런 아이를 발견했을 때, 오래전 그 일을 좀 더 명쾌하게 정리하고 싶을 때
- 인간관계 등의 문제로 어려움을 겪는 사람을 돕고 싶지만 무엇을 어떻게 해야 할지 모를 때

왜 가설 연역 방법인가?

'쟤는 원래 저래' '쟤는 몸에 문제가 있어' '쟤는 과거의 어떤 원인 때문에 저래' '쟤네 가정 환경이 좀 그렇잖아…' 우리는 뭔가 이상한 사람을 보면 이렇게 생각하기 쉽다. 그리고 이런 식으로 생각하면 내가 할 일은 없다. 원래 그런 아이라면 당연히 내가 할 일은 없다. 그 아이의 몸에 문제가 있으면 그것은 의사의 담당이다. 원인이 과거라면 과거의 사람들이 잘못한 탓이다. 가정환경 탓이면 부모가 아닌 나는 죄가 없다.

그러나 문제의 원인이 정말 그런 것들일까? '쟤는 원래 저래' 정말 원래 그럴까? 가설 연역 방법은 그 진실을 함께 찾아보는 방법이다.

가설 연역 방법의 과정

1. 알고 싶은 사건(인물)이 있을 때 대상을 관찰하고 연구한다.
2. '그때의 일(저 아이)은 이래서 그랬을 거야'라고 하는 가설을 세운다.
3. 내가 세운 가설은 옳을 수도 틀릴 수도 있다. 가설이 맞는지 다양한 방법으로 시험한다.
4. 시험을 통해 가설을 다시 수정하는 과정을 반복한다.(조금씩 밝혀져가는 진실과 마주해본다.)

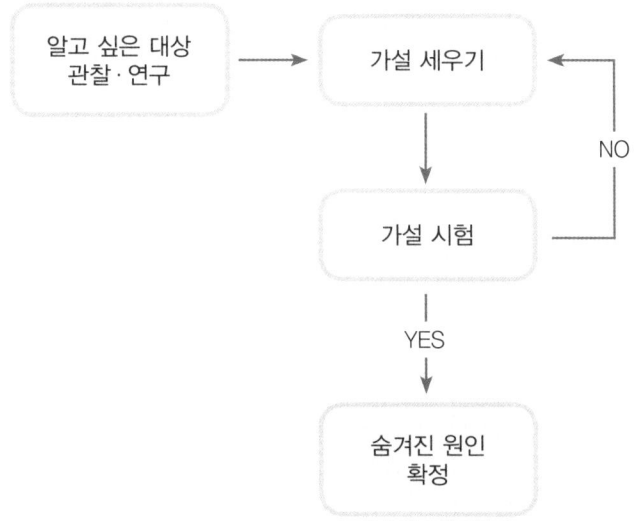

가설 연역 방법으로 진실 찾기

활동) 내가 겪은 일에 대해 다시 생각해보자.

1. 나는 어떤 일을 겪었나? 어떤 사건이 있었나? 내가 알고 싶은 것은 무엇인가?
   (누가, 언제, 어디서, 무엇을, 어떻게, 왜 그런 일이 있었는지 적어보자.)

   ----

2. 위의 이야기를 읽으며 논리적으로 다시 배열해보자.
   (학교에서라면 선생님이, 집에서라면 부모님이 해주는 것도 좋다.)

   ----

3. 다른 친구들, 선생님들로부터 해당 사건의 정보를 얻는다.

   (   )로부터 얻은 정보

   (   )로부터 얻은 정보

4. 사례에 대한 가설을 세운다.

5. 가설이 옳은지 시험해본다.

1) 낯선 행동 해보기
   (가설을 시험하기 위해 시험 대상이 되는 학생 또는 자신에게 낯선 행동을 해보자. 평소와 같은 반응으로는 새로운 정보를 얻기 어렵다. 괜히 친근하게 대해보거나, 새로운 게임을 제안하거나, 새로운 사람과 이야기하게 하거나, 스킨십이 가능하다면 해보자. 늘 화를 내던 상황에서 즐겁게 웃고, 늘 보이던 반응과 다른 반응을 의도적으로 해보자. '이 사람이 왜 저러지?' 하는 생각이 들 만큼 새로운 행동을 해보자. 그리고 그때의 반응을 보며 그래도 자신의 가설이 맞는지 확인해보자.)

새로운 행동

그때의 반응

----

2) 역할 부여하기

(역할 부여하기도 낯설게 대하기의 연장된 활동이다. 평소에 하지 않던 새로운 역할을 아이에게, 스스로에게 부여해보자. 새로운 역할에서도 기존과 동일하게만 행동할까? 아니면 새로운 역할에 맞는 새로운 반응을 보일까?)

새로운 역할

그때의 반응

----

3) 관계도 분석

연구 대상인 사건 또는 인물과 관련된 관계도(학급 관계도, 친구 관계도, 가족 관계도)를 작성해보자. 가족 내에서의 문제였다면 가족의 관계도, 학급이 문제가 아니라 동네 친구들 간의 문제였다면 해당 학생들을 중심으로 관계도를 그려보자. 집단 내의 사람들을 동그라미로 표현하되 친한 무리들은 서로 뭉치고 친하지 않으면 떨어뜨린다. 집단 내에서 영향력이 큰 아이들은 동그라미를 크게 그린다. 친구들의 그룹과 그룹 사이에 친밀, 무관심, 적대 등 그룹 간의 관계도 표시해본다.(클래스넷, 무료, www.classnet.co.kr/사이링크, 유료, http://www.liveinnetwork.com/를 활용하는 것도 좋다.)

〈예시〉 우리 반의 구조

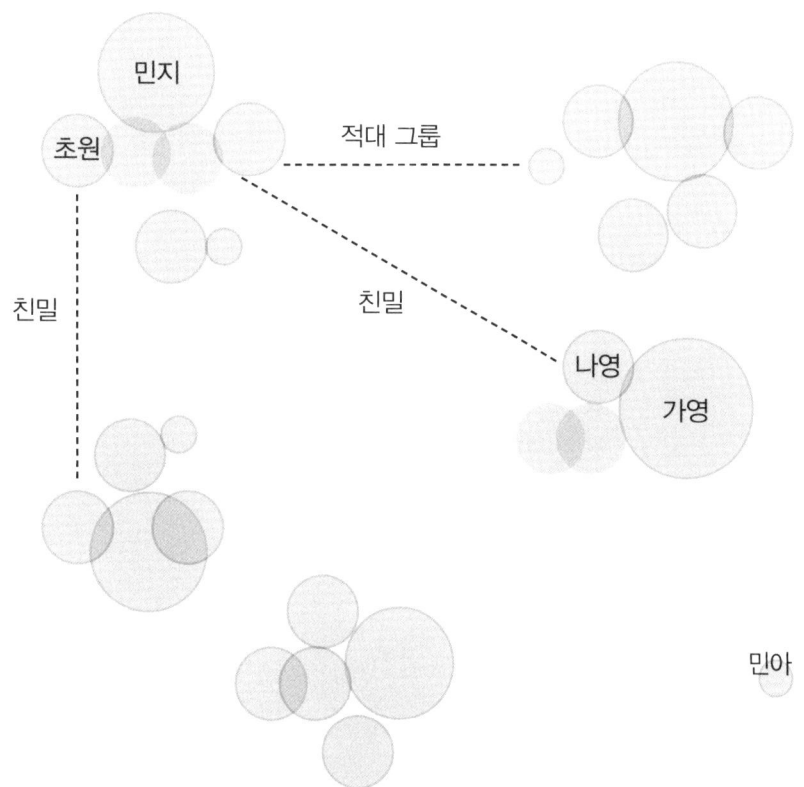

가. 관계도를 그려보자.

나. 관계도를 그려본 후 느낀 점

(느낀 점이 별로 없다면 느낀 점 1만 써보자.)

느낀 점 1

느낀 점 2

느낀 점 3

----

6. 가설을 수정한다. 여러 시험을 거치면서 가설이 수정되진 않았는가? 수정할 것이 있다면 새로운 가설은 무엇인가?

----

7. 가설이 옳은지 다시 시험한다.

1) 가설을 시험하면서 새롭게 발견한 핵심 인물은 없는가? 만약 있다면 핵심 인물 인터뷰를 해보자.
   (지금까지 정리한 사례를 요약해서 알려주며 이 사건에 대해 기억하고 있는 부분을 묻는다.)

   ---

2) 진실을 찾기 위한 회의를 하자.
   어느 정도 정보도 얻었고 가설을 만들고 검증해보기도 했다. 이제 다른 친구들에게 확인을 해보자. 과거를 어느 정도 알고 있는 아이에게 가설이 맞는지 물어보자.

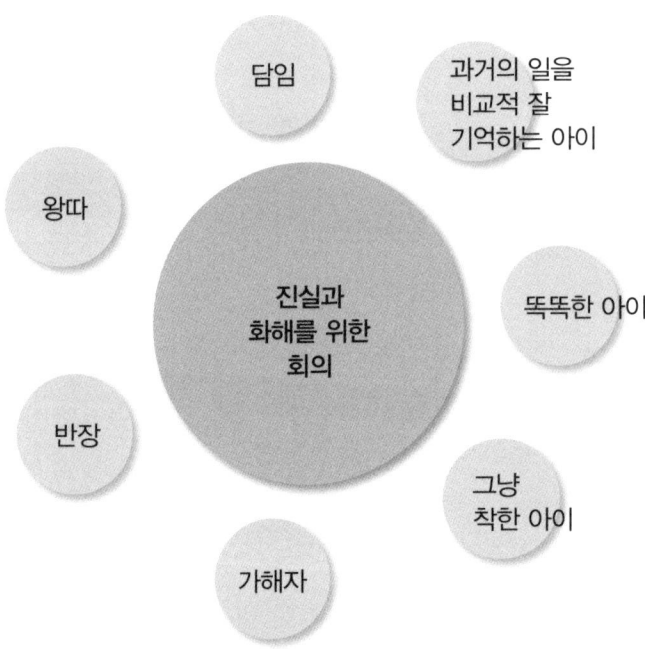

〈진실 찾기 회의록〉

참가자 :

사례 요약 발표 :

사례에 대한 의견 :

(   )

(   )

(   )

8. 가설이 옳은지 다시 시험한다.

1) '내가 생각하는 나'라는 주제로 글쓰기를 해보자.

2) 내가 스스로 생각하는 자신과 가설이 일치하는가?

9. 이 외에도 다양한 방법을 사용하며 가설이 옳은지 꾸준히 관찰, 기록해보자.

   (이만하면 최선을 다했다고 스스로 위로하고 변화를 기대해보자.)

Memo

6장

나의 가짜 마음, 진짜 마음

나의 진짜 마음 알기

무엇을 위한 활동인가?

- 선택의 순간에 나의 선택에 대한 진짜 마음을 들여다본다.
- 나의 선택에 대한 확신을 가질 수 있는 기회를 제공한다.
- 나의 선택이 옳지 않을 때 선택을 수정할 수 있는 기회를 가질 수 있도록 한다.

어떤 상황에서 도움이 되는가?

- 나의 진로에 대한 깊은 고민이 밀려올 때
- 학교에서 친구들과 갈등이 생겨 학교를 그만두고 싶을 때
- 인생의 중요한 결단을 하기 전에 나의 선택이 옳은지 확신이 서지 않을 때
- 일상에서 벗어나 남들과는 다른 행동을 하려고 하는데 주변 친구들이 말릴 때
- 인생의 중요한 선택의 순간에 놓여있는 학생이나 자녀, 친구와 대화를 나누고 싶은데 상대방이 마음의 문을 열지 않고 대화를 나누고 싶어 하지 않을 때

누구나 그만두고 싶을 때가 있다

살다 보면 내 뜻대로 되는 일보다 뜻대로 되지 않는 일이 더 많다. 한껏 기대를 품고 어떤 일에 도전했는데 결과가 좋지 않을 때, 학교에서 친구들과 이런 저런 갈등이 생겨 학교를 그만두고 싶을 때, 지금까지 하던 일을 그만두고 다른 일에 도전해보고 싶을 때, 집에서 부모님과 사이가 좋지 않아 집을 나가버리고 싶을 때…. 이럴 때는 다 던져버리고 싶은 생각이 굴뚝같다. 혹여 홧김에 인생의 중요한 순간의 결정을 하고 있지는 않은가?

내 마음과 대화의 물꼬를 터라

이럴 때는 마음이 공중에 붕 떠있는 것 같고, 주변에서 뭐라고 해도 그 말이 들리지도 않고 이야기를 나누기도 싫다. 머리와 마음이 이미 많은 생각들로 가득 차 복잡하고 어지러운 상태이기 때문이다. 이런 상황에서 내 마음을 무작정 제어하려는 것은 허공에 대고 소리치는 것과 같다. 부질없는 것일 수도 있다. 특히 이미 내 마음속에서 '자퇴를 해야겠다' '유학을 가야겠다' '진로를 바꾸어야겠다'라고 어느 정도 결정을 한 상태라면, 웬만해서는 그 마음을 멈추기가 힘들다. 그럴 때는 처음부터 다시 생각하는 것 자체가 귀찮아서라도 계속 가는 경우가 있다. 하지만 그럴 때일수록 자신의 마음과 대화를 나누는 연결고리를 만들어야 한다.

Memo

나의 진짜 마음을 알아가는 다섯 단계

활동) 1차시부터 5차시까지의 활동을 통해 나의 마음을 차분히 들여다보자.

5차시까지 다 하기 힘들다면 자신이 할 수 있는 곳까지 해도 좋다. 어떻게 해야겠다는 생각을 버리고 아무 생각 없이 아래 활동지를 채워나가 보자. 그러다 보면 나의 마음과 대화의 물꼬를 틀 수 있을지도 모른다. 그 과정에서 나의 생각이 바뀔 수도 있고, 나의 마음을 차분히 들여다본 뒤에도 같은 생각이라면 더욱 자기 확신이 들 수도 있다. 결과가 어떤 쪽이든 한 번의 검증 과정을 더 거쳐보면 자신에게도, 부모나 선생님들에게 자신의 생각을 전달하는 데도 더욱 설득력을 가질 것이다.

차시	단계	예시
1차시	공감하기	자퇴는 인생의 중요한 결정임을 이야기하고, 만남과 이별에 대한 이야기를 나눈다.
2차시	사례 분석하기	여러 가지 자퇴 사례를 나의 사례와 비교하고 성찰해본다.
3차시	학교에서의 내 모습 분석하기	관계망 분석을 통해 친구와 선생님들과의 관계가 나의 자퇴와 어떤 관련이 있는지 알아본다.
4차시	나의 인생 계획 설계하기	내가 살아온 과정을 살펴보고 미래를 예측해본다. 내가 어떤 인생각본을 갖고 있는지 다시 알아본다.
5차시	재결단하기	지금까지의 성찰 과정을 종합하여 자퇴에 대한 스스로의 결단을 다시 바라보고, 자퇴에 대한 입장을 정리하며 새로운 나의 인생을 시작한다.

1차시 공감하기

1. 시를 읽어보자.

한용운 선생님의 〈님의 침묵〉이라는 시이다. 이 시를 차분히 읽어보자. 물론 다른 시를 읽어도 좋다. 웬 시냐고? 이 책을 읽는 친구들 중 지금 당장 자신의 마음이 어떤지 명쾌하게 대답할 수 있는 사람은 많지 않기 때문이다. '침묵'에 대한 시를 읽으면서 긴장된 마음도 풀고, 나 자신에게 더욱 몰입할 수 있을 것이다.

님의 침묵
_ 한용운

님은 갔습니다
아아 사랑하는 나의 님은 갔습니다
푸른 산빛을 깨치고 단풍나무 숲을 향하여 난
작은 길을 걸어서 차마 떨치고 갔습니다
황금의 꽃같이 굳고 빛나던 옛 맹서는 차디찬 티끌이 되어서
한숨의 미풍에 날아갔습니다
날카로운 첫 키스의 추억은
나의 운명의 지침을 돌려 놓고
뒷걸음쳐서 사라졌습니다
나는 향기로운 님의 말소리에 귀먹고
꽃다운 님의 얼굴에 눈멀었습니다
사랑도 사람의 일이라 만날 때에
미리 떠날 것을 염려하고 경계하지 아니한 것은 아니지만,
이별은 뜻밖의 일이 되고 놀란 가슴은 새로운 슬픔에 터집니다
그러나 이별은 쓸데없는 눈물의 원천을 만들고 마는 것은
스스로 사랑을 깨치는 것인 줄 아는 까닭에
걷잡을 수 없는 슬픔의 힘을 옮겨서
새 희망의 정수박이에 들어부었습니다
우리는 만날 때에 떠날 것을 염려하는 것과 같이
떠날 때에 다시 만날 것을 믿습니다

아아 님은 갔지마는 나는 님을 보내지 아니하였습니다

제 곡조를 못 이기는 사랑의 노래는 님의 침묵을 휩싸고 돕니다

2. 이 과정을 통해서 내가 느낀 점은 무엇인가?

   (생각나지 않으면 느낀 점 1만 써도 좋다.)

   나는 님이다. 그리고 님은 떠나면서 침묵한다. 나는 나(친구, 학생)를 떠나보내지 아니했다. 우리의 만남과 이별에 대해 이야기해보자.

느낀 점 1

느낀 점 2

느낀 점 3

2차시 사례 분석하기

1. 다음 여러 가지 사례에 대한 나의 생각을 적어 보자. 그리고 나의 현재 상황과 가장 일치하는 사례를 이야기해보자. 혹시 주어진 사례 중에 선택할 수 없다면 내가 어떤 상황인지 이야기해보자. 나의 상황을 범주화해보면서 객관화시켜볼 수 있을 것이다.

가. 축구선수 A는 초등학교밖에 나오지 않았다. 연예인 B와 C도 학교를 많이 다니지 않았지만 사회적으로 크게 성공했다. 따라서 나도 학교를 안 다녀도 충분히 성공할 수 있다.

나의 생각 :

나. A학생은 어릴 때 어머니가 집을 나갔다. 아버지와 함께 살고 있는데 아버지는 술만 먹으면 폭력을 휘두른다. 그리고 아버지가 학교를 그만두고 일을 하라고 한다.

나의 생각 :

다. 학교에서는 친구가 별로 없다. 그러나 학교 바깥에는 친한 친구도 있고 선배도 있다. 그들도 여러 명이 자퇴를 했다. 또 아르바이트하는 곳의 점장님은 '학교 그만두고 아르바이트하면 돈도 많이 벌 수 있고, 열심히 하면 나처럼 점장이 될 수 있고, 사업가도 될 수 있어'라고 말한다.

나의 생각 :

라. 윤영이는 자퇴를 하려고 엄마와 함께 학교를 찾아갔다. 당시에 윤영이는 자기가 왜 자퇴를 하려고 하는지, 자퇴 후에 무엇을 하고 싶은지에 대한 큰 고민 없이 무작정 자퇴를 하고 싶다는 생각을 하던 중이었다. 그런데 이때 마침 학교 친구들과 작은 오해가 생겨 관계가 멀어지는 사건이 발생했다. 그 후로 윤영이는 학교에 나오기가 더욱 불편해졌고, 급기야 본인이 왜 자퇴를 하려는지 확신이 서지 않은 상황에서 '학교폭력'을 이유로 자퇴를 하게 되었다. 윤영이 본인도 자신의 속마음을 모른 채 친구들과의 갈등상황을 피하기 위해 자퇴를 한 것이다.

윤영이에 대한 나의 생각 :

윤영이의 친구들에 대한 나의 생각 :

마. 아무 생각 없이 학교 다니는 아이들이 많다. 그저 학교 급식 먹는 것이 좋거나 친구들과 노는 것이 좋아서 학교를 다닌다.

이 아이들에 대한 나의 생각 :
_____
_____
_____
_____
_____

2. 이 과정을 통해 내가 느낀 점은 무엇인가?
_____
_____
_____
_____
_____

Memo
_____
_____
_____
_____
_____

3차시 학교에서의 내모습 분석하기

1. 혹여 자퇴를 한다거나 하던 일을 그만두겠다고 친구에게 말한 적이 있는가? 누구에게 말했는가? 자퇴나 일을 그만둔다고 말하고 실천하지 않는다면 다른 사람들이 나를 어떻게 생각할지 고민해본 적이 있는가? 내가 쓴 답변을 다시 한 번 보면서 잘못 생각하고 있는 것은 없었는지 좀 더 구체적으로 생각해보자. 친구나 선생님과 이야기를 나누어도 좋다.

2. 나의 현재 감정은 어떤가?

   예) 기쁨, 슬픔, 걱정, 화남

3. 나의 결정에 대해 여러 가지 의견을 표현하는 사람이 있을 것이다. 그들의 의견을 정리해보자.

   (   )의 의견

   내가 생각하기에 (   )의 의견은 (옳다/그르다)

   내가 생각하기에 (   )의 현재 감정은 (   )일 것이다.

(　　　　　　)의 의견

내가 생각하기에 (　　　　　　)의 의견은 (옳다/그르다)

내가 생각하기에 (　　　　　　)의 현재 감정은 (　　　　　　)일 것이다.

(　　　　　　)의 의견

내가 생각하기에 (　　　　　　)의 의견은 (옳다/그르다)

내가 생각하기에 (　　　　　　)의 현재 감정은 (　　　　　　)일 것이다.

4. 나의 결정과 관련된 사람들을 그림으로 그려보자.

예)

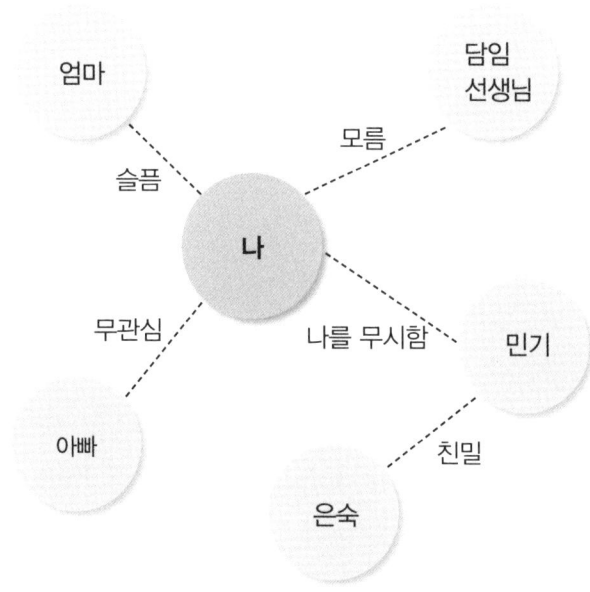

5. 이 과정을 통해 내가 느낀 것은 무엇인가?

4차시 나의 인생계획 설계하기

1. 나는 어떤 사람이 되고 싶은가?

   가. 어머니에게 나는 이렇게 보이고 싶다 :

   그런데(그러나) 어머니는 나를 이렇게 본다 :

   그러나(그런데) 실제의 나는 이렇다 :

   나. 선생님에게 나는 이렇게 보이고 싶다 :

   그런데(그러나) 선생님은 나를 이렇게 본다 :

   그러나(그런데) 실제의 나는 이렇다 :

다. 학교에서 아이들에게 나는 이렇게 보이고 싶다 :

....

....

그런데(그러나) 아이들은 나를 이렇게 본다 :

....

....

그리고(그런데) 실제의 나는 이렇다 :

....

....

2. 내가 생각하는 나의 인생각본은 무엇인가?

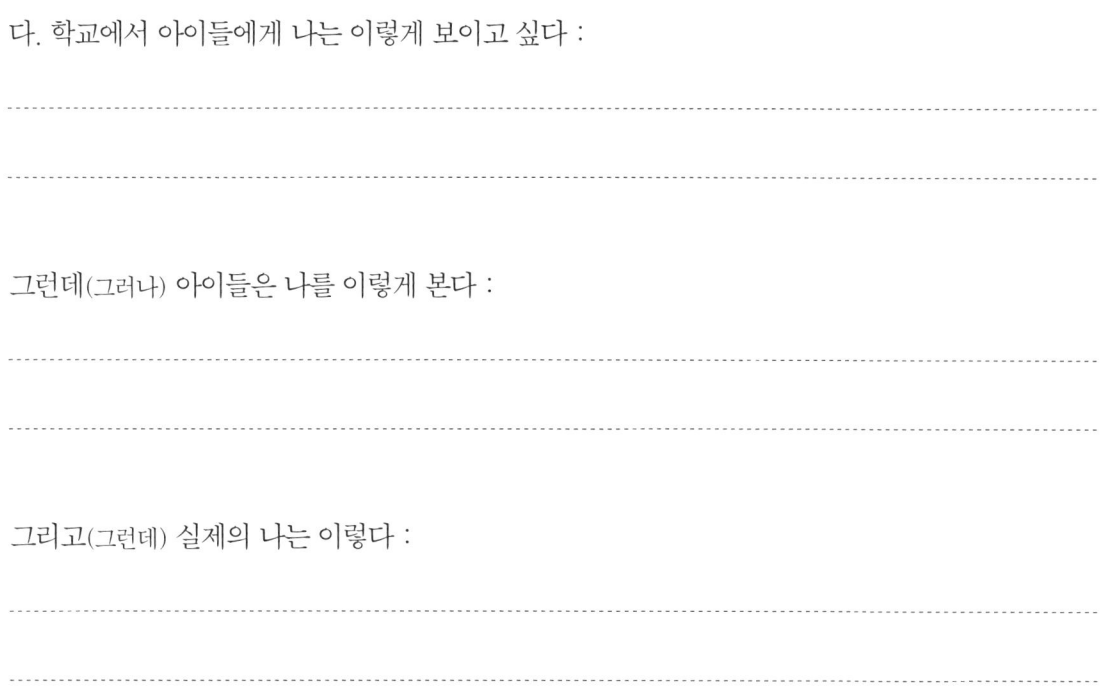

가. 성적 변화 과정은 어떠했나?

　　상

　　───
　　0세　5세　8세　10세　12세　14세　16세　18세　20세　25세　30세　40세

　　하

　　최고점일 때는 어떤 상황이었나?

　　최저점일 때는 어떤 상황이었나?

나. 어머니와의 관계 변화 과정은 어떠했나?

상

| 0세 | 5세 | 8세 | 10세 | 12세 | 14세 | 16세 | 18세 | 20세 | 25세 | 30세 | 40세 |

하

최고점일 때는 어떤 상황이었나?

최저점일 때는 어떤 상황이었나?

다. 아버지와의 관계 변화 과정은 어떠했나?

상

| 0세 | 5세 | 8세 | 10세 | 12세 | 14세 | 16세 | 18세 | 20세 | 25세 | 30세 | 40세 |

하

최고점일 때는 어떤 상황이었나?

최저점일 때는 어떤 상황이었나?

라. 학급에서 인간관계 변화 과정은 어떠했나?

상

| 0세 | 5세 | 8세 | 10세 | 12세 | 14세 | 16세 | 18세 | 20세 | 25세 | 30세 | 40세 |

하

최고점일 때는 어떤 상황이었나?

최저점일 때는 어떤 상황이었나?

마. 나의 자신감 변화 과정은 어떠했나?

상

| 0세 | 5세 | 8세 | 10세 | 12세 | 14세 | 16세 | 18세 | 20세 | 25세 | 30세 | 40세 |

하

최고점일 때는 어떤 상황이었나?

최저점일 때는 어떤 상황이었나?

3. 다음 그림을 보고 현재 나의 위치는 어디인지 생각해보자. 그 이유도 써보자. 나와 꼭 맞는 그림이 없으면 그림을 새로 그려도 좋다.

(혹여 이 그림이 무엇을 뜻하는지 잘 모르겠다면 이 나무를 우리의 인생이라고 생각해보자. 그리고 나무꼭대기에 오르는 게 인생에서 내가 이루고 싶은 목표라면 현재 나의 위치는 어디쯤일지 생각해보자. 그럼 다음 질문에도 자연스럽게 대답할 수 있을 것이다.)

4. 5년 후 나의 위치는 어디일까? 그 이유도 써보자. 나와 꼭 맞는 그림이 없으면 새로 그려 넣어도 좋다.

---

5. 10년 후 나의 위치는 어디일까? 그 이유도 써보자. 나와 꼭 맞는 그림이 없으면 새로 그려 넣어도 좋다.

---

6. 이 과정을 통해 내가 느낀 점은 무엇인가?

5차시 재결단하기

1. 지금까지는 '나'를 이렇게 생각해왔다.

   ----

2. 앞으로 10년간 나의 인생계획을 세워보자. 앞으로의 나의 삶에 대해 더욱 구체적으로 생각해볼 수 있을 것이다.

시간	나의 나이	이루고 싶은 모습	나의 노력
1년 후			
2년 후			
3년 후			
4년 후			
5년 후			
6년 후			
7년 후			
8년 후			
9년 후			
10년 후			

7장

상처와 화해하기

상처 떠나보내기

무엇을 위한 활동인가?

- 나를 괴롭히는 과거의 기억에서 해방될 수 있다.
- 이유를 묻지 못해 괴로운 상황일 때 나름대로의 이유를 찾을 수 있다.
- 아무것도 하지 못한 나를 원망하지 않고 용서할 수 있다.

어떤 상황에서 도움이 되는가?

- 자꾸 생각나는 나쁜 기억이 있는데, 그 기억 때문에 수시로 우울해지거나 힘들 때
- 대화를 해서 이해받고 싶은 상대가 있지만, 그 사람과 전혀 말이 통하지 않아서 말을 하면 할수록 더 갑갑해질 때
- 나에게 어떤(주로 나쁜) 행동을 한 상대에게 이유를 물어보고 싶지만, 그 사람과 이야기할 수 없는 상황일 때
- 과거의 어떤 사건에서 아무 대응도 하지 못하고 당하고만 있던 나에게 화가 나고 원망스러워질 때
- "괜찮아. 너의 잘못이 아니야"라는 말을 듣고 싶은데 아무도 나에게 그런 위로를 해주지 않을 때

마음의 상처는 종기와 같은 것

내 몸 어딘가에 종기가 생겼다고 해보자. 종기를 짜지 않고 그대로 내버려둔다면 그것은 곪을 대로 곪아서 언젠가는 터지고 만다. 우리 마음에 난 상처도 마찬가지이다. 마음의 상처를 치료하지 않고 내버려두면 종기처럼 계속해서 곪아 들어간다. 마음의 상처가 없는 사람은 없다. 아주 오래된 상처이든, 얼마 안 된 것이든. 마음의 상처를 마주하는 것이 두려워 마치 아무렇지 않은 척 지냈을 수도 있다. 하지만 마음의 상처를 치료하지 않고 그대로 덮어두면 상처는 더욱 깊어지고 치료도 그만큼 힘들어진다. 내 마음의 상처를 인정하고 마주하는 것이 치유의 첫걸음이다.

기억은 당시의 감정도 떠오르게 한다

사람은 단순히 그때의 기억만 지니고 있는 것이 아니라 기억과 함께 당시의 감정도 고스란히 간직하게 된다. 그 기억을 떠올렸을 때 고통이 함께 생각난다면, 그것은 단순한 고통의 감정이 아니다. 그런데 기억은 나의 의지로 지울 수 없지만, 기억과 감정은 따로 분리해서 관찰할 수 있다. 그래서 기억을 떠올릴 때 함께 떠오르는 마음의 고통을 덜어내고 기억만 지닐 수 있다. 나의 마음상태를 객관적으로 관찰하는 데는 글쓰기가 많은 도움이 된다. 글쓰기를 통해 마음의 고통과 기억을 분리하여 마음의 고통에서 벗어날 수 있다.

"기억하지 않으려고 저항하면 계속 남아있지만, 관찰하면 사라진다."

Memo

내 마음의 상처 관찰하기

활동) 나의 힘들었던 기억을 떠올려보자.

1. "가장 힘들었던 순간은 언제였나요?"라는 질문을 들었을 때 떠오르는 이미지나 장면이 있는가? 떠오르는 이미지나 장면이 있다면 아래와 같이 해보자.

   가. 그림으로 그려본다.

그림으로 그리기 힘들다면 글로 표현해볼 수도 있다.

예) 기억은 말이 아니라 그림으로 저장된다. "가장 힘들었던 일"이라는 말을 들었을 때 사진처럼 탁! 하고 떠오르는 그림이 있을 것이다. 그 그림을 말이나 글로 묘사하는 것이 이 활동의 시작이다. 처음에는 그 그림을 떠올리는 것이 힘들 수도 있지만, 힘들면 울어도 좋으니 울고 나서 다시 한 번 시도해보자. 믿을 수 있는 사람과 함께 해도 좋다.

나. 그때 나의 감정은 어떠했는가? 설명하기 힘들다면 아래의 예시에서 나의 감정과 비슷하다고 생각되는 감정을 골라보자.

기쁨 : 희홀
감격스러운, 감동적인, 감사한, 고마운, 고무적인, 기쁜, 고전적인, 날아갈 듯한, 놀라운, 가벼운, 눈물겨운, 든든한, 만족스러운, 뭉클한, 반가운, 벅찬, 뿌듯한, 살맛 나는, 시원한, 싱그러운, 좋은, 짜릿한, 쾌적한, 통쾌한, 포근한, 푸근한, 행복한, 환상적인, 후련한, 흐뭇한, 흔쾌한, 흥분된

화, 노여움 : 노怒
가혹한, 고통스러운, 골치 아픈, 괘씸한, 구역질 나는, 기분 상하는, 꼴사나운, 끓어오르는, 나쁜, 노한, 떫은, 모욕적, 무서운, 배반감, 복수심, 북받침, 분개함, 분노, 불만스러운, 불쾌한, 섬뜩한, 소름 끼치는, 속상한, 숨 막히는, 실망감, 쓰라린, 씁쓸한, 약 오르는

슬픔 : 애哀

가슴 아픈, 걱정되는, 고단한, 고독한, 고민스러운, 공포에 질린, 공허한, 괴로운, 구슬픈, 권태로운, 근심되는, 기분 나쁜, 낙담한, 두려운, 마음이 무거운, 멍한, 뭉클한, 미어지는, 부끄러운, 불쌍한, 불안한, 불편한, 비참한, 비탄, 서글픈, 암담한, 앞이 깜깜한, 애석한, 애처로운, 애태우는, 애통한, 언짢은, 염려하는, 외로운, 우울한, 울적한, 음울한, 음침한, 의기소침한, 절망적인, 좌절하는, 증오하는, 지루한, 착잡한, 창피한, 처량한, 처참한, 측은한, 침통한, 패배감, 한스러운, 허전한, 허탈한, 허한, 황량한

즐거움 : 락樂

가벼운, 가뿐한, 경쾌한, 고요한, 기분 좋은, 담담한, 명랑한, 밝은, 산뜻한, 상쾌한, 상큼한, 숨 가쁜, 신나는, 유쾌한, 자신 있는, 즐거운, 쾌활한, 편안한, 홀가분한, 활기 있는, 활발한, 흐뭇한, 흥분된, 희망찬

사랑 : 애愛

감미로운, 감사하는, 그리운, 다정한, 따사로운, 묘한, 뿌듯한, 사랑스러운, 상냥한, 순수한, 애틋한, 열렬한, 열망하는, 친숙한, 포근한, 호감이 가는, 화끈거리는, 흡족한

미움 : 오惡

고통스러운, 괴로운, 구역질 나는, 귀찮은, 근심스러운, 끔찍한, 몸서리치는, 무정한, 미운, 부담스러운, 서운한, 싫은, 싫증 나는, 쌀쌀한, 야속한, 얄미운, 억울한, 원망스러운, 죄스러운, 죄책감, 증오스러운, 지겨운, 짜증스러운, 차가운, 황량한

바람 : 욕慾

간절한, 갈망하는, 기대하는, 바라는, 소망하는, 애끓는, 절박한, 찝찝한, 초라한, 초조한, 호기심, 후회스러운, 희망하는

예) 요즘 감정을 표현하는 가장 흔한 단어는 "짜증난다"이다. 위의 많은 감정 단어들을 보고 놀라지는 않았는가? 모든 부정적인 감정을 "짜증난다"라는 한 단어로 표현해버리면서 나 자신도 나의 감정을 잘 알지 못하게 되고 있다. 일단 나의 감정상태를 제대로 파악하는 것이 중요하다.

2. 앞에서 그림이나 글로 설명한 장면과 관련해서 또 다른 장면이 떠오르는 게 있는가? 있다면 그 장면도 글이나 그림으로 묘사해보자.

(사진들을 이어서 동영상을 만들어보자.)

글

그림

3. 생각나는 여러 장면들을 이어서 이야기를 만들어보자.

① 누가 :

② 언제 :

③ 어디서 :

④ 무엇을 :

⑤ 어떻게 :

⑥ 왜 :

Memo

너는 말이야, 다른 아이들보다 느렸던 거다.

느릴 뿐 아니라 너는 여러 성장 분야에서 불균형이 심했지.

지적 수준의 발달은 빨랐던 것 같아.

그런데 정서 수준은 평균보다 많이 느렸어.

정서란 관찰하기 쉬운 건 아니니까.

글을 빨리 읽을 수 있다 따위의 지적 수준은 관찰하기가 쉽잖아?

그래서 너는 또래보다 많이 느린 아이인데도

또래보다 빠른 아이로 오해를 받은 거야.

오해 때문에 그렇게 오랫동안 마음의 고통을 겪은 거라면 좀 억울하기도 하다.

그리고 말이지, 그 아이들 있잖아.

너에게 악의를 잔뜩 표현해서

유난히 정서 발달이 느려 감정에 무뎠던 너조차

자신을 향한 악의를 느끼게 만들었던 그 아이들

오랫동안 '왜 그랬던 걸까' 물어보지도 못하고

끝없이 한없이 내 마음속으로 그 물음을 하게 만들었던 그 아이들

그 아이들은 어렸던 거야.

너도 어렸지만 걔들도 어렸어.

그래서 그 아이들은 널 이해하지 못했어.

자신들과 다르게 행동하는 아이가 있는데

그걸 이해할 수가 없었던 거지.

이 얼마나 슬픈 일이니?

정말 슬픈 일이다.

그래서 나는 정말 눈물을 흘리지 않을 수가 없구나.

지윤아, 네 잘못이 아니야!

따돌림사회연구모임 교실심리팀

초등학교, 중학교, 고등학교 선생님들로 구성된 따돌림사회연구모임은 '건강한 자아' '평화와 우정'을 아는 '대한민국 청소년의 전인교육'을 목표로 17년째 참교육을 실천해오고 있는 선생님들의 연구모임이다. 자신과 세상에 대한 고민이 시작되는 10대들에게 정체성을 심어주기 위한 '교실심리팀'을 포함해 권리교육팀, 우정교육팀, 인생서사팀, 고립아팀 5개 팀을 운영하고 있다.

교실심리팀에서는 교육심리학 이론을 토대로 학생들과 진심 어린 교류를 실천하는 것을 목표로 중고등학교 선생님 8명으로 구성된 팀원들이 격주에 한 번씩 연구모임을 가지고, 그 결과를 학교 현장에 접목하고 있다. EBS 〈다큐프라임 : 학교폭력〉 방송에 출연했으며, 지은 책으로 《10대 마음보고서》《이선생의 학교폭력 평정기》《교실평화 프로젝트》 등이 있다.

10대 마음보고서
WORK BOOK

ⓒ 따돌림사회연구모임 교실심리팀, 2017

초판 1쇄 인쇄 | 2017년 5월 20일
초판 1쇄 발행 | 2017년 5월 25일

지은이 | 따돌림사회연구모임 교실심리팀
발행인 | 정은영
책임편집 | 박현주
디자인 | 디자인붐
일러스트 | 주노

펴낸곳 | 마리북스
출판등록 | 제 2010-000032호
주소 | (121-904) 서울시 마포구 월드컵북로 400 문화콘텐츠센터 5층 21호

전화 | 02)324-0529, 0530
팩스 | 02)3153-1308
Email | mari@maribooks.com
인쇄 | (주)현문자현

ISBN 978-89-94011-70-7 (04180)
　　　978-89-94011-71-4 (set)

＊이 책은 마리북스가 저작권사와의 계약에 따라 발행한 것이므로
　본사의 허락 없이는 어떠한 형태나 수단으로도 이용하지 못합니다.
＊잘못된 책은 바꿔드립니다.
＊가격은 뒤표지에 있습니다.